Coaching pro l numéro 47

COMMENT NÉGOCIER
SON SALAIRE ?

— Entre embauche et promotion

par Isabelle Aussant

50MINUTES

COMMENT NÉGOCIER SON SALAIRE ?

- **Problématique ?** Comment évoquer son salaire lors d'un recrutement ou à la suite d'une promotion ? Quelles méthodes suivre pour réussir sa négociation de salaire ?
- **Utilité ?** Ce savoir-faire est primordial lors d'entretiens d'embauche ou de promotion afin d'obtenir un salaire à la hauteur de ses espérances et de ses compétences.
- **Contexte ?** Ressources humaines, entretien annuel, nouvel emploi ou prise de nouvelles responsabilités, évolution professionnelle, résolution de conflits.
- **FAQ ?**
  - Comment réagir si mon employeur refuse de m'augmenter ?
  - Comment puis-je exprimer ma demande d'augmentation ?
  - Existe-t-il un moment idéal pour négocier ?
  - Quels arguments dois-je avancer durant la négociation ?
  - Puis-je négocier mon salaire dès la phase de recrutement ?
  - Quelles sont les qualités requises pour devenir un bon négociateur ?

Parler argent n'est jamais évident et, bien souvent, nous n'osons pas aborder cette question avec nos supérieurs ou avec les recruteurs. Une étude publiée par la Harvard Business School démontre que presque la moitié des jeunes diplômés américains ne négocient pas leur salaire lors de leur première embauche. Cela s'explique notamment par leur manque d'expérience en la matière. En effet, la négociation de salaire se révèle souvent une affaire délicate qui requiert de l'entraînement. Néanmoins, il s'agit d'une étape incontournable dans le monde professionnel, à laquelle nous devons tous nous préparer au risque de passer à côté d'une belle opportunité.

Lors d'un entretien annuel, d'une évaluation, d'un recrutement ou de la prise de nouvelles responsabilités, la négociation doit être un moment de discussion et non une source de conflit. Il est nécessaire d'argumenter et d'expliquer clairement ses besoins et ses envies à son interlocuteur. De la même façon qu'un jeu, ces pourparlers répondent à des règles et à des codes qu'il vous faut maîtriser afin de vous donner toutes les chances d'aboutir à un accord satisfaisant.

B.A.-BA DE L'EXPERT EN NÉGOCIATION

Le terme « négocier » vient du latin *negotiari*, qui signifie « faire du commerce, faire des affaires ». la négociation renvoie par conséquent à une discussion entre deux parties recherchant un accord qui répondrait aux attentes de tous. Au cours de cet échange, chacun exprime ses besoins et argumente pour tenter de convaincre l'autre. Il est donc indispensable que cet entretien soit préparé pour anticiper à la fois son déroulement, les questions qui seront posées et les problèmes inhérents à la situation, afin d'en sortir satisfait.

SE PRÉPARER À NÉGOCIER

Julien Bertheau, manager en gestion immobilière, témoigne de son expérience. Après avoir eu cinq employeurs différents au cours des dix dernières années et avoir dû négocier son salaire huit fois, il nous résume, selon lui, les clés d'un bon entretien de négociation de salaire :

> Pour réussir sa négociation, il faut définir ses objectifs, connaître sa valeur et le marché en se renseignant sur les postes similaires et faire en sorte que le travail fourni justifie la demande.

Dresser son bilan professionnel

Avant un entretien de recrutement, la première étape consiste à établir un bilan factuel de vos points forts, de vos faiblesses et de votre potentiel d'évolution. Concrètement, il s'agit de vous connaître professionnellement et personnellement.

Commencez par retracer votre parcours professionnel et les différentes fonctions que vous avez occupées. Pour chacune d'entre elles, mettez en avant les compétences dont vous disposiez et celles que vous avez acquises. Précisez aussi les difficultés auxquelles vous avez été confronté : cela vous permettra de distinguer vos points forts et ceux à améliorer.

> « J'ai occupé un poste de commercial grands comptes auprès d'une société de 2008 à 2012. Durant mes missions, j'étais en contact avec une clientèle principalement anglo-saxonne. Cela m'a permis d'améliorer mon anglais et après quatre années à ce poste, j'ai acquis une pratique écrite et orale courante de la langue. Cela s'est fait naturellement, sans difficulté majeure. » (Paul, commercial)

En réalisant ce bilan, vous prendrez conscience de votre valeur professionnelle et pourrez répondre aux questions suivantes : qu'est-ce que je peux apporter de plus que les autres à une entreprise, à une équipe ? Quelle est ma plus-value ? Mettez en avant votre connaissance des langues étrangères, votre expertise, votre carnet d'adresses, votre tempérament, etc., en vous appuyant sur des faits. Vous dégagerez ainsi vos atouts pour appuyer votre négociation de salaire, mais également vos limites et pourrez dès lors anticiper les remarques et interrogations éventuelles de votre interlocuteur sur le sujet.

Si vous souhaitez obtenir une augmentation, prenez note au cours de l'année des projets sur lesquels vous avez travaillé. Regroupez ces exemples et utilisez-les au moment de la négociation pour argumenter votre demande et prouver votre contribution à l'entreprise.

PETIT PLUS

Si vous n'êtes encore qu'au début de votre vie professionnelle et que votre expérience est limitée, effectuez le même travail en analysant vos études et les différentes matières que vous avez étudiées, voire les petits emplois que vous avez occupés.

Connaître le marché

Renseignez-vous également sur la valeur de votre poste : quels sont les salaires pratiqués sur le marché pour la même fonction, au même niveau de compétence, d'expérience et de responsabilité ? Dans le cadre d'un entretien d'embauche, documentez-vous au préalable sur votre futur emploi : en quoi consisteront les différentes tâches ? Qu'en sera-t-il du rythme de travail et des responsabilités ? Vous pourrez ainsi affiner et justifier le montant demandé en vous appuyant sur des réalités.

Avoir une estimation objective de votre « valeur marchande » est un préambule à toute négociation, il prouve votre maîtrise du marché et vous crédibilise. Votre valeur peut varier selon votre position : avez-vous été contacté ou avez-vous répondu à une annonce ? Si le recruteur est venu vous chercher, c'est qu'il est intéressé par votre profil. Cela vous met donc en position de force pour obtenir un salaire à la hauteur de vos espérances. S'il souhaite vous débaucher, il devra vous proposer une offre assez alléchante pour compenser les risques que vous prendrez : perte d'ancienneté, période d'essai, déménagement, etc. Si au contraire, vous êtes un candidat parmi d'autres, vos arguments devront être particulièrement solides.

Se renseigner sur la situation financière de l'entreprise

Dans le cas d'un entretien d'embauche, informez-vous sur l'entreprise pour laquelle vous allez postuler. Vous connaîtrez ainsi mieux votre interlocuteur et serez capable d'évaluer ce qu'il peut vous offrir. Renseignez-vous sur le chiffre d'affaires de la société, sa croissance, ses perspectives d'avenir dans le secteur, ses réorganisations récentes, les salaires pratiqués en interne et par ses concurrents directs, etc. L'entreprise effectue-t-elle des augmentations collectives et/ou individuelles ? Si oui, le fait-elle de façon régulière ? En France et en Belgique, vous pouvez trouver ces informations dans le bilan annuel de l'entreprise en cherchant sur Internet ou dans la presse spécialisée. Vous présenter informé lors de l'entretien prouvera votre investissement et votre motivation, deux arguments qui pourraient faire pencher la balance en votre faveur.

Dans le cadre d'une promotion ou d'une augmentation, renseignez-vous sur les bénéfices engendrés par votre société lors de l'année précédente.

Définir ses besoins et ses attentes

Afin d'établir une fourchette convenable de votre salaire, commencez par évaluer vos besoins personnels : logement, charge familiale, impôts, etc. Cela vous permettra de définir votre BATNA et votre ZOPA.

- **La BATNA** (*Best Alternative to a Negociated Agreement*) correspond à la solution la plus avantageuse pour vous.
- **La ZOPA** (*Zone of Possible Agreement*) est votre zone d'accord possible. Celle-ci suit logiquement votre BATNA en déterminant les concessions acceptables pour les deux parties.

Définir vos attentes salariales est une étape essentielle afin d'éviter d'être pris au dépourvu lorsque votre interlocuteur parlera chiffres. Prenez le temps de réfléchir : le salaire que vous obtiendrez aura un impact direct sur votre vie professionnelle et personnelle ainsi que sur votre bien-être.

Anticiper les objections

Si votre interlocuteur avance une objection, ce n'est pas forcément qu'il refuse toute discussion. Dans la majorité des cas, il cherche surtout à vous tester et à être rassuré par votre réponse. C'est le moment idéal pour le convaincre.

Avant toute négociation, listez les critiques – légitimes ou non – que l'on pourrait opposer à votre raisonnement puis, classez-les en deux catégories :

- **les objections fermées**, celles pour lesquelles vous connaissez les réponses grâce à votre préparation ;

- **les objections ouvertes ou tactiques**, celles qui ne sont pas forcément fondées, qui s'apparentent à des prétextes et ont pour objectif de vous déstabiliser. Vous devez anticiper et être prêt à répondre à des contestations telles que : « Il faut que je réfléchisse » ; « Je vous comprends, mais les temps sont durs » ; « Vous n'avez pas la capacité, le potentiel », etc. Trouvez des parades pour retourner la situation en votre faveur.

PETIT PLUS

Quelques clés pour réagir positivement à une objection :
- intéressez-vous à l'argument de votre interlocuteur en lui posant des questions ;
- cherchez et proposez des solutions acceptables pour les deux parties ;
- allez jusqu'au bout de la discussion et assurez-vous que l'objection soit définitivement levée en vérifiant l'adhésion de votre interlocuteur à vos propos (« Êtes-vous d'accord ? » ; « Cela vous convient-il ? »).

Gérer son stress

Difficile d'échapper au stress face à un tel enjeu. Ainsi, se préparer mentalement est primordial afin de ne pas le laisser vous envahir, au risque d'échouer votre négociation et de vous en vouloir par la suite. Rappelons que le stress est une dramatisation du futur, vous envisagez le pire et vous épuisez votre esprit avec des doutes inutiles.

Durant votre préparation, confrontez-vous à vos peurs afin de les démystifier et de renforcer votre détermination. De plus, prenez confiance en vous, si vous êtes bien préparé vous avez toutes les chances de réussir. Quelques minutes avant l'entretien, prenez de grandes respirations pour vous relaxer puis lancez-vous.

INTÉGRER QUELQUES PRINCIPES GÉNÉRAUX

La négociation raisonnée

Il existe différents types de négociation. Afin d'obtenir un résultat acceptable pour les deux parties, préférez la méthode de la négociation raisonnée ou négociation gagnant-gagnant. Codifiée par Roger Fisher (1922-2012) et William Ury (né en 1953), fondateurs du Harvard National Project et spécialistes de la négociation, cette technique n'entend pas satisfaire pleinement les revendications des deux camps – cela serait impossible –, mais tente plutôt de parvenir à un accord équitable au terme d'une discussion respectueuse. Les deux chercheurs opposent à cette méthode la négociation distributive dans laquelle chaque partie tente de maximiser ses gains sans tenir compte des besoins de l'autre. C'est une situation gagnant-perdant, voire perdant-perdant si la négociation échoue.

Négociation raisonnée	Négociation distributive
Les deux parties gagnent.	Une partie perd, l'autre gagne (voire les deux perdent).
Chercher les intérêts sous-jacents et les besoins de chacun.	Camper sur ses positions jusqu'à ce que l'un cède ou que la négociation échoue.
Trouver un compromis en faisant des concessions.	Tenter à tout prix de faire valoir ses exigences.
Traiter séparément les personnes et les objectifs.	User de menaces ou de pression.

Cette relation gagnant-gagnant est la solution idéale pour négocier votre salaire dans un climat où règnent le respect et la confiance. D'une part, vous ressortirez avec un sentiment de satisfaction et de reconnaissance, d'autre part, votre interlocuteur aura la sensation que le salaire négocié est justifié.

Les attitudes à adopter

Une communication efficace est la clé du bon déroulement de votre entretien. Elle fonctionne selon deux modes. Gardez-les en tête, ils vous seront d'une aide précieuse durant votre négociation :

- **le langage oral**. Grâce à votre préparation, votre discours est organisé autour d'arguments soigneusement choisis. Pour autant, prêtez attention aux tics de langage, aux parasites et aux expressions vides de sens telles que « Vous voyez ? », « D'accord ? », « N'est-ce pas ? » ou « C'est clair ». L'écoute est indispensable à toute communication : observez votre interlocuteur, regardez-le dans les yeux et analysez ce qu'il dit. N'hésitez pas à lui demander des informations supplémentaires et à reformuler ses propos pour vérifier que vous l'avez bien compris : vous valoriserez ainsi votre interlocuteur en portant de l'intérêt à son discours. Utilisez des formules telles que « Si je vous comprends bien... » et « Les points importants sont donc... ». Mais cela ne représente qu'un faible pourcentage de notre communication, voyons comment gérer la partie la plus importante ;
- **le langage du corps.** Notre comportement, notre posture, notre gestuelle, notre manière de parler et même le ton de notre voix : tout a une importance puisqu'à travers notre corps, nous délivrons

des messages indirects. Paul Watzlawick (psychologue et sociologue américain d'origine autrichienne, 1921-2007) affirme que nous communiquons tout le temps, même lorsque nous ne parlons pas, car notre corps transmet des informations sur notre état d'esprit. Les conseils suivants vous aideront à envoyer un message positif à votre interlocuteur :

Votre posture	**Conseils :** • Une posture droite que vous soyez assis ou debout donne une impression de confiance et de sécurité. • Un buste avancé vers l'interlocuteur révèle votre intérêt. **À éviter :** • Une posture assise trop décontractée ou tournée sur le côté démontre de la prétention ou un manque d'intérêt. • Assis sur le rebord du siège ou vos chevilles enlacées autour des pieds de la chaise témoignent d'une anxiété et d'un manque de confiance en soi.
Votre gestuel	**Conseil :** • Des gestes larges et amples expriment la sécurité et l'envie d'échanger. **À éviter :** • Croiser les mains ou tapoter avec ses doigts sur la table montre une tension et un repli sur soi.
Vos mimiques	**Conseil :** • Un regard pétillant et direct, un sourire large et spontané traduisent votre intérêt et votre ouverture d'esprit. **À éviter :** • Un nez ou un front froncé ou des lèvres serrées trahissent une tension intérieure. • Le regard fuyant montre votre gêne ou un manque d'assurance. • La bouche ouverte ou les sourcils relevés peuvent sous-entendre un certain scepticisme.
Votre voix	**Conseils :** • Ajustez le volume de votre voix, ni trop fort, ni trop faible • Exprimez-vous de façon claire et compréhensible. **À éviter :** • Marmonner et parler trop lentement. • Un débit de parole trop rapide révèle votre nervosité. • Une voix trop forte peut être interprétée comme de l'arrogance et de la prétention.

S'adapter à son interlocuteur

Afin que l'échange se déroule favorablement, adaptez-vous à la personnalité de votre interlocuteur. Si vous en avez l'occasion avant l'entretien, considérez-le, analysez-le et déterminez son profil. Tâchez de comprendre ce qui lui importe : les heures que vous passez au bureau, les résultats que vous apportez, votre intégration dans l'équipe, etc. Vous pourrez alors ajuster votre discours et adopter le même langage que lui. On peut dégager quatre types de profil :

- rationnel et logique, **l'expert** aime les faits et la précision. Optez pour un discours argumenté et technique en avançant des réalisations et des chiffres concrets : évoquez vos budgets, vos objectifs chiffrés, ou encore vos rapports ;
- minutieux, conservateur et ritualiste, **l'organisateur** insiste sur les détails pratiques et les méthodes. Adoptez une attitude rigoureuse et rassurante et fournissez des exemples détaillés (« Dans le cadre de cette mission, j'ai été amené à utiliser tel outil ou telle méthode. ») ;
- extraverti, ouvert et volubile, **le communicateur** valorise le contact humain et les échanges spontanés. Établissez un rapport convivial et chaleureux en parlant de votre vécu (« À l'occasion de cette mission, j'ai rencontré untel, qui m'a beaucoup appris par sa capacité à prendre des décisions importantes. Nous sommes aujourd'hui encore très proches professionnellement. ») ;
- créatif, visionnaire et intuitif, **le stratège** apprécie les visions globales et les perspectives innovantes. Imagez vos arguments de façon originale et mettez en avant tous les projets dans lesquels vous avez fait preuve de créativité.

FORMULER SA DEMANDE

Il est enfin temps de négocier. Qu'il s'agisse d'un entretien de recrutement ou d'une demande d'augmentation de salaire, vous êtes maintenant fin prêt et avez toutes les cartes en main pour obtenir ce que vous voulez.

Le moment propice

Choisissez le moment propice. Certaines périodes paraissent plus opportunes que d'autres pour négocier son salaire, comme le résume le tableau ci-dessous.

Les périodes favorables	Les périodes à éviter
• À la suite d'une évaluation positive : les entreprises organisent généralement un entretien annuel pour chaque salarié, évoquez le sujet à ce moment. • Après avoir acquis entre six mois à un an d'ancienneté. • Après une mission réussie, un dossier rondement mené : vos succès vous serviront d'arguments. • Si les chiffres de l'entreprise sont positifs : une société qui accumule les bénéfices en fera plus facilement profiter ses employés. • Si vous changez de poste ou de statut : il est naturel de revoir votre salaire à la hausse si vous obtenez de nouvelles responsabilités. • À la fin de votre période d'essai : si votre employeur l'a évoqué durant l'entretien, n'hésitez pas à remettre le sujet sur le tapis. Dans certains contrats, une augmentation est prévue à la fin de cette période.	• Les temps de crise (restructuration, calcul de budget, etc.) : si votre entreprise fonctionne mal, votre employeur refusera de vous augmenter. • Une fois les salaires réadaptés. Renseignez-vous sur les dates : si elle a lieu en janvier, inutile de négocier en mars. • En revenant de congés : reprenez d'abord le travail afin de montrer votre motivation à votre patron.

Techniques de négociation salariale

Nous l'avons vu, avant toute négociation, vous devez fixer un objectif de salaire en fonction de vos besoins, mais aussi des réalités du marché. Cependant, que faire lors de l'entretien ? Faut-il annoncer un montant supérieur immédiatement ? Comment réagir si vous vous voyez proposer un chiffre bien inférieur à ce que vous imaginiez ?

Daniel Porot, spécialiste de la gestion de carrière, nous conseille la technique des huit secondes pour faire grimper les enchères : une fois le montant du salaire annoncé par votre interlocuteur, répétez-le sur un ton neutre puis gardez le silence pendant huit secondes. Continuez de le regarder dans les yeux et ne manifestez aucune émotion. Vous laisserez ainsi votre interlocuteur dans le flou : il doutera et reverra son chiffre à la hausse. Daniel Porot précise : « Si le recruteur cède, il le fera à la 4e ou 5e seconde, pas à la 8e. » Si cette première méthode ne fonctionne pas, appliquez l'une des sept stratégies également mises au point par ce professionnel :

Stratégies de négociation salariale

Le gâteau	Représentez les bénéfices de l'entreprise par un gâteau, puis calculez l'impact de votre travail dessus et demandez votre part.
Le tremplin	Acceptez de débuter avec un salaire bas à condition qu'il soit accompagné d'une promesse écrite d'augmentation au bout de quelques mois.
Le temps partiel	Proposez de travailler à temps partiel si cette situation vous convient et si le budget dont la société dispose est vraiment inférieur au salaire que vous souhaitez.
La concurrence	Annoncez à votre interlocuteur que vous avez d'autres propositions. Précisez-lui le salaire le plus élevé proposé par la concurrence.
Le bonus de changement	Si vous êtes déjà en poste et que l'on tente de vous débaucher, négociez alors un bonus de changement également appelé « Welcome Bonus ».
La fourchette	Énoncer une fourchette comprise entre le salaire des personnes que vous dirigerez et celui votre supérieur direct.
L'enquête	Citez les chiffres d'une enquête publiant les salaires correspondant à votre poste. Vous baser sur un sondage réel vous donnera plus de crédibilité.

NÉGOCIER SUR LE SALAIRE MENSUEL

Si le salaire annuel annoncé par votre locuteur est très inférieur à vos attentes, transposez les chiffres en salaire mensuel : la différence entre les deux montants sera moins importante et vous pourrez plus facilement trouver un compromis satisfaisant.

Les erreurs à éviter

Pour atteindre votre objectif, évitez de tomber dans les pièges suivants :

- demander moins pour être sûr d'avoir le poste (dans le cas d'un recrutement). Vous pourriez vous sentir dévalué dans l'exercice de votre fonction et passer votre temps à penser : « J'aurais peut-être pu obtenir plus » ;

- demander trop au risque de paraître gourmand. Restez réaliste dans vos attentes ;
- justifier votre augmentation en expliquant que vous avez besoin d'argent. Votre employeur vous attribue un salaire ou une augmentation en fonction du travail fourni et non selon vos besoins personnels ;
- comparer son salaire à celui d'un collègue ou dévaloriser celui-ci pour justifier votre valeur. Vous donnerez une image négative de vous ;
- menacer de moins travailler. Vous passerez pour quelqu'un qui ne tient pas ses engagements et à qui on ne peut pas se fier ;
- faire semblant de quitter la négociation ; s'il ne vous rattrape pas, qu'allez-vous faire ? ;
- tenter de séduire ou adopter un comportement totalement inadapté et non professionnel ;
- reporter à plus tard les questions épineuses ;
- marchander (« Je te donne ça, si tu me donnes ça ») ;
- jouer sur les sentiments (amitié, estime, habitude de travail ensemble, etc.) ;
- dévoiler que vous quittez votre emploi actuel pour gagner davantage. Le recruteur pensera que vous n'êtes pas intéressé par le poste, mais uniquement par la rémunération et se tournera vers un candidat plus motivé.

Conclure

Le moment est venu de conclure votre entretien et d'arriver, dans un premier temps, à un accord oral. Si votre demande est justifiée par les arguments que vous avez exposés ainsi que par la relation favorable que vous avez établie avec votre interlocuteur et qu'aucune objection sincère n'a été formulée, alors vous avez de grandes chances d'atteindre votre objectif. Quels sont les signes annonciateurs de la conclusion ?

- Votre interlocuteur vous pose une question supplémentaire sur votre profil ou vous demande si vous seriez prêt à prendre telle ou telle tâche en plus du poste officiel.
- Votre interlocuteur revient mollement sur une objection.
- Votre interlocuteur fait une fausse objection.
- Votre interlocuteur vous pose des questions de fond.
- Votre interlocuteur s'assure de certaines garanties pour la suite.

LE SALAIRE OUI, MAIS PAS QUE...

Si la négociation piétine, cherchez des solutions alternatives afin de ne pas rompre le dialogue. Le salaire fixe est certes important, mais vous pouvez également obtenir d'autres avantages comme des primes, des bonus, une assurance hospitalisation, un véhicule ou téléphone de fonction ou encore des tickets restaurants. Tous ces bénéfices comptabilisés et annualisés pourraient compenser un salaire moins élevé que vous ne l'espériez.

TOP CONSEILS

- **Sachez lire entre les lignes :** un employeur ne vous pose jamais une question par hasard. Une interrogation anodine peut cacher sa volonté d'obtenir une information cruciale à ses yeux. Si un recruteur vous demande si vous avez postulé ailleurs, c'est sûrement pour connaître l'urgence à vous embaucher et l'intérêt que vous représentez sur le marché.

- **Soyez « recrutable ».** Il s'agit de faire penser à votre interlocuteur qu'un autre employeur est fortement intéressé par votre profil, tout en lui laissant entendre qu'il a une réelle chance de vous embaucher. À manier avec précaution ! Vous devez trouver le juste équilibre : bien géré, ce genre de sous-entendu accélèrera le processus, mais dans le cas contraire, vous pourriez le décourager de se battre pour vous.

- **Ne vous formalisez pas :** pour se mettre en position de force, votre interlocuteur peut vous glisser au cours de la conversation des déclarations qui ressemblent à des ultimatums. Ignorez-les, il s'agit juste de techniques conscientes ou inconscientes pour vous presser ou vous intimider. Prenez-en note par un « J'entends ce que vous me dites » neutre et ne réagissez pas au quart de tour.

- **Évitez d'évoquer votre ancien salaire :** si votre rémunération précédente était bien en dessous de ce que vous espérez actuellement, n'en parlez pas. Cependant, ne mentez pas si l'on vous pose la question. Cela risquerait de vous discréditer auprès du recruteur qui, à l'heure actuelle, peut facilement découvrir cette information. Pour vous en sortir avec panache, expliquez que votre revenu était fixé sur des critères plus anciens ou que vous aviez des responsabilités différentes.

- **Avancez des propositions :** éveillez l'attention de votre interlocuteur à travers des suggestions qui pourraient lui être utiles et lui faciliter la vie, par exemple une idée de projet, de nouvelles responsabilités, une nouvelle méthode d'organisation, etc. Si vous êtes un atout pour lui et l'entreprise, il sera plus enclin à vous accorder le salaire demandé.

- **Soyez à l'écoute :** dans son ouvrage *Méthodes et astuces pour... mieux négocier*, Richard Bourrelly, consultant expert en négociation, nous explique qu'« un bon négociateur écoute deux fois plus qu'il ne parle ». Assimilez les propos de votre interlocuteur et montrez-lui de l'intérêt.
- **Restez à votre place :** gardez en tête que la personne en face de vous est votre (futur) patron. Contrôlez la négociation, mais laissez-lui le pouvoir de décision. N'essayez pas de prendre le leadership du débat, il pourrait se braquer et stopper toute discussion.
- **Soyez précis :** les individus qui soumettent des propositions précises sont souvent perçus comme étant mieux informés sur le marché. Face à cette attitude, l'interlocuteur estimera sa marge de manœuvre réduite et cédera plus facilement.
- **Envisagez d'accepter un salaire plus bas :** si le salaire proposé est moins élevé que celui que vous espériez, vous pouvez l'accepter en demandant une revalorisation prévue et datée en fonction d'objectifs à atteindre.
- **N'abordez pas le sujet le premier :** la question du salaire est généralement abordée en premier par le recruteur. S'il n'en parle pas cependant, lancez-vous ; vous ne devez pas être gêné ou honteux, c'est une question légitime. Attendez néanmoins la fin de l'entretien, la première partie étant destinée à présenter votre expérience et vos compétences en vue d'appuyer votre demande salariale.

FAQ

COMMENT RÉAGIR SI MON EMPLOYEUR REFUSE DE M'AUGMENTER ?

Tentez de comprendre pourquoi il s'oppose à votre augmentation et essayez de trouver des solutions alternatives. Surtout, n'abandonnez pas dès le premier round ! Négocier requiert de la patience et beaucoup de persévérance. Entendez ses arguments et faites valoir les vôtres. En discutant, vous finirez bien par trouver un compromis.

COMMENT PUIS-JE EXPRIMER MA DEMANDE D'AUGMENTATION ?

Vous pouvez l'exprimer avec un montant précis ou en pourcentage. Faites vos calculs et définissez clairement votre objectif avant de délivrer votre chiffre. En demandant une augmentation de salaire avec un montant brut mensuel, celle-ci peut paraître moins significative aux yeux de votre employeur et se fondre plus facilement dans la masse salariale, surtout si l'entreprise compte un nombre important de collaborateurs. Ceci dit, méfiez-vous des chiffres et calculez bien ce que vous obtiendrez au final. Par exemple, si votre salaire actuel s'élève à 35 000 euros brut par an et que vous demandez une augmentation de 10 % (soit environ 290 euros brut ou 230 euros net par mois), ce pourcentage peut paraître élevé. Alors que si vous avancez un chiffre mensuel de 300 euros brut, cela semblera sûrement moins impressionnant et vous y gagnerez au final. Tout est question de présentation !

EXISTE-T-IL UN MOMENT IDÉAL POUR NÉGOCIER ?

On aimerait bien, mais il s'agit malheureusement d'un mythe et surtout d'une bonne excuse pour ne pas vous lancer. Cependant, certaines périodes sont plus propices que d'autres. Afin de mettre toutes les chances de votre côté, préférez les situations suivantes :

- à la suite de votre évaluation annuelle (si elle est positive bien sûr) ;
- après une réussite professionnelle dans l'entreprise ;
- si la société fait des profits ;
- si vous évoluez et changez de fonction ;
- à la fin de votre période d'essai ;
- lors d'un recrutement. Abordez la question à la fin de l'entretien, après avoir prouvé que le poste est fait pour vous.

De plus, évitez le lundi, car on a souvent trop de dossiers et de mails à traiter, et le vendredi, car votre employeur peut déjà avoir la tête en week-end. Privilégiez un mardi ou un jeudi. Enfin, préférez les matinées, avant que la fringale du midi ne se fasse ressentir, ou le milieu d'après-midi et bannissez les longues fins de journées.

QUELS ARGUMENTS DOIS-JE AVANCER DURANT LA NÉGOCIATION ?

Pour que votre demande soit justifiée, elle doit être fondée sur des arguments solides. Soyez concret et convaincant en prouvant que votre présence a profité ou profitera à l'entreprise. N'hésitez pas à évoquer les objectifs que vous avez atteints et validés. Mettez en avant ce qui parlera plus particulièrement à votre interlocuteur en utilisant les critères avec lesquels il évalue le rendement et les différents types de réalisations qui comptent à ses yeux.

PUIS-JE NÉGOCIER MON SALAIRE DÈS LA PHASE DE RECRUTEMENT ?

Tout à fait ! Mais gardez en tête que c'est en principe le recruteur qui aborde le sujet en premier. Si vous anticipez trop, il pourrait imaginer que vous êtes plus motivé par le salaire que par le poste et les fonctions qu'il vous propose. Mais surtout, vous risquez d'annoncer un chiffre inférieur à ce que vous auriez pu obtenir ! Laissez-le donc parler : le montant pourrait bien vous surprendre.

QUELLES SONT LES QUALITÉS REQUISES POUR DEVENIR UN BON NÉGOCIATEUR ?

Pour devenir un négociateur efficace :

- restez attentif à votre interlocuteur, réagissez à ses propos et prouvez-lui votre intérêt ;
- gardez votre sang-froid lorsque la discussion devient conflictuelle. Vous énerver ne fera qu'envenimer la situation ;
- soyez déterminé, mais souvenez-vous que l'objectif final est d'arriver à un compromis. Si un désaccord apparaît, n'abandonnez pas et tentez de trouver des solutions pour le contourner ;
- montrez votre fermeté. Ayez confiance en vous et ne cédez pas face aux objections injustifiées. Sachez cependant mettre de l'eau dans votre vin s'il s'agit d'un accord convenable ;
- faites preuve d'imagination. Si la discussion tourne en rond, proposez de nouvelles solutions qui pourraient satisfaire les deux parties.

- jouez de vos atouts. Attention il ne s'agit pas de séduire, mais de se faire apprécier de son interlocuteur pour son professionnalisme. Cela passe par la clarté de votre élocution, le respect de votre employeur, votre apparence vestimentaire ou encore la bonne argumentation de votre utilité pour l'entreprise.

À VOUS DE JOUER

LISTEZ VOS QUALITÉS

Dans un premier temps, sélectionnez trois qualités qui vous correspondent. Puis, pour chacune d'elles, décrivez une situation professionnelle dans laquelle vous les avez mises en œuvre. Enfin, identifiez quels atouts vous aideront à atteindre votre objectif de négociation et élaborez votre stratégie à partir d'eux.

Vos qualités	Les situations professionnelles
Qualité 1 :	
Qualité 2 :	
Qualité 3 :	

ÊTRE CONVAINCU POUR ÊTRE CONVAINCANT

Comme nous l'avons vu, un travail préliminaire est nécessaire à toute négociation. Pour vous aider à préparer des arguments convaincants, listez vos plus grandes réussites personnelles et professionnelles telles que :

- la réussite d'un examen. Rappelez-vous le moment où vous avez découvert votre nom sur la liste ;
- le gain d'un marché important. Comment avez-vous réussi ? ;
- une victoire dans une compétition sportive. Remémorez-vous le moment où le match a basculé en votre faveur ;

- l'obtention d'une promotion professionnelle. Qu'avez-vous éprouvé ?

En revivant ces expériences, vous ancrez en vous le sentiment de réussite. Cet exercice augmentera votre confiance en vous et vous permettra de fournir des exemples concrets et convaincants à votre interlocuteur.

SIMULATION DE NÉGOCIATION

Entraînez-vous à débattre avec un ami. Exposez chacun vos arguments et objections durant un temps imposé. Travaillez sur la formulation, la justesse des mots, le ton de votre voix, la pertinence des arguments, autant de détails qui joueront en votre faveur le jour J. Une fois la négociation terminée, analysez les points forts et les faiblesses de votre argumentation.

N'hésitez pas à inverser les rôles : se mettre dans la peau de l'employeur vous permettra d'avoir un point de vue différent. Vous pouvez également demander à votre complice d'incarner plusieurs personnalités : l'employeur borné, arrogant ou agressif. Ainsi, vous serez apte à réagir à toutes les situations.

POUR ALLER PLUS LOIN

SOURCES BIBLIOGRAPHIQUES

- BOURRELLY (Richard), *Méthodes et astuces pour... mieux négocier*, Paris, Eyrolles, 2007.
- GIANG (Vivian), « 7 astuces enseignées à Harvard pour bien négocier son salaire », in *Journal du Net*, octobre 2013, consulté le 25 août 2015.
  http://www.journaldunet.com/management/remuneration/negociation-salaire-harvard.shtml
- HARLÉ (Isabelle) et TRAVERS (Marc), *Réussissez toutes vos négos en entreprise*, Paris, L'Express, 2007.
- POROT (Daniel), *101 secrets pour bien négocier son salaire... ou une augmentation*, Genève, Cabinet Porot Daniel Eds, 1999.

SOURCES COMPLÉMENTAIRES

- AYMARD (Catherine) et LAPLANTE (Jean), *L'art de conclure une vente avec la PNL*, Le Mans, Éditions Gereso, 2009.
- Cours de coaching suivis à la Haute École de Coaching avec Philippe Duvillier et Fabienne Lemaigre-Voreaux, coachs et formateurs certifiés.

www.50minutes.com

Éditeur responsable : Lemaitre Publishing
Avenue de la Couronne 382 | BE-1050 Bruxelles
info@lemaitre-editions.com

ISBN ebook : 978-2-8062-6468-8
ISBN papier : 978-2-8062-6478-7
Dépôt légal : D/2015/12603/220
Photo de couverture : © Yurchello108 - Fotolia.com.

Conception numérique : Primento,
le partenaire numérique des éditeurs